W9-CJD-905

Friends of the
Houston Public Library

El libro de las ilusiones

(ópticas)

Renato Aranda

Lumen

El libro de las ilusiones
(ópticas)

Primera edición, enero 2009

D.R. © 2006, Renato Aranda

Derechos exclusivos de edición en español reservados para todo el mundo:

D. R. © 2008, Random House Mondadori, S. A. de C.V.
Av. Homero No. 544, Col. Chapultepec Morales,
Del. Miguel Hidalgo, C. P. 11570, México, D. F.

www.randomhousemondadori.com.mx

Queda rigurosamente prohibida, sin autorización escrita de los titulares
del «copyright», bajo las sanciones establecidas por las leyes,
la reproducción total o parcial de esta obra por cualquier medio o
procedimiento, comprendidos la reprografía, el tratamiento informático,
así como la distribución de ejemplares de la misma mediante
alquiler o préstamo público.

ISBN: 978-607-429-143-8

Impreso en México/ Printed in Mexico

Para todos los ojos que ven esta línea más larga que la otra

y para los que ven ésta más corta, siendo que son igualitas

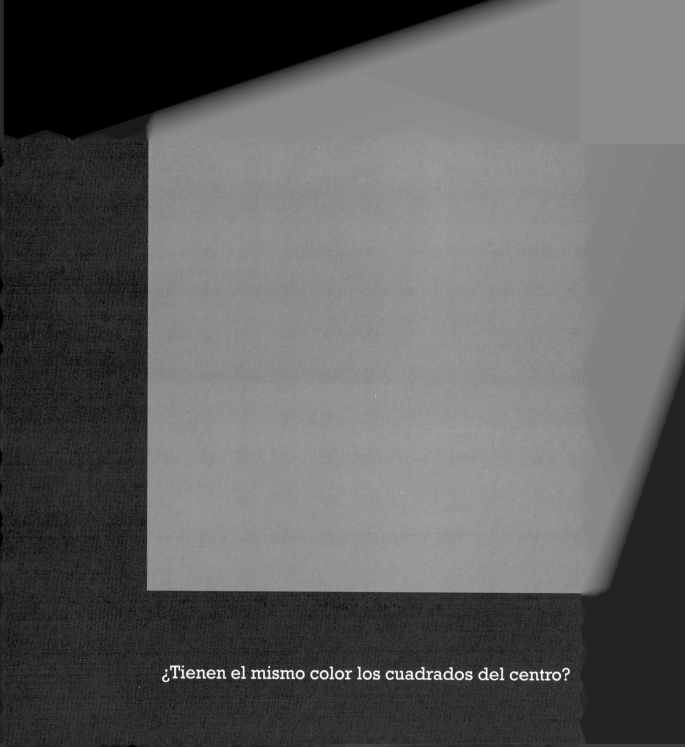

¿Tienen el mismo color los cuadrados del centro?

¡Sí, son del mismo color!

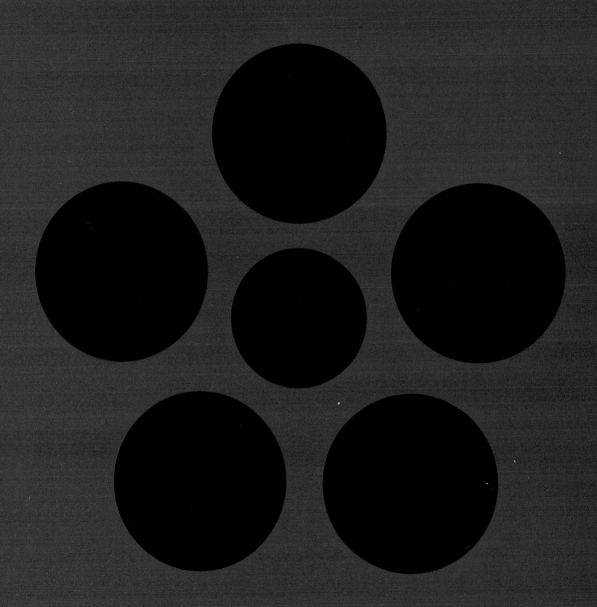

¿Cuál de los círculos centrales es más grande?

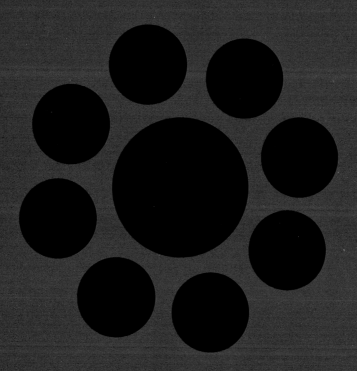

¡Son del mismo tamaño!

¿Y los cuadrados de en medio?

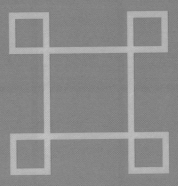

¡También son del mismo tamaño!

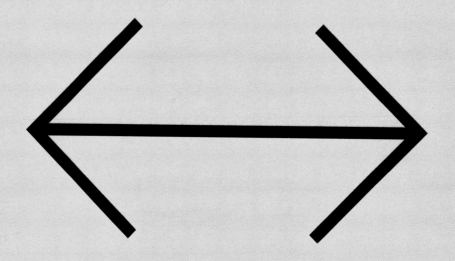

¿Y qué me dices de estas líneas del centro?

¡Aunque no lo creas, son igualitas!

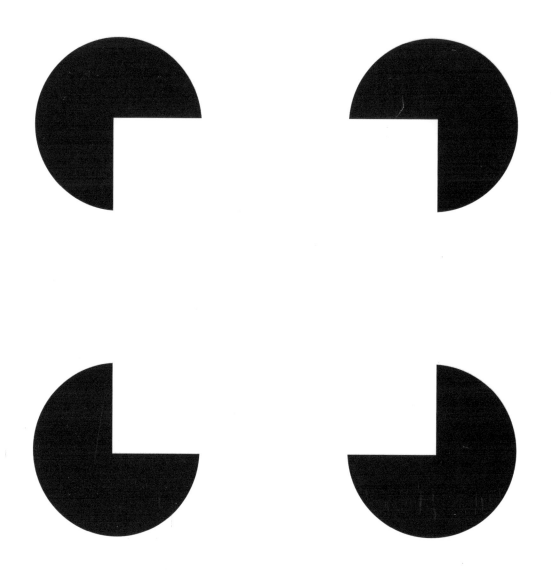

En estas dos imágenes hay círculos cortados.

¿Por qué ves un cuadrado y un cubo?

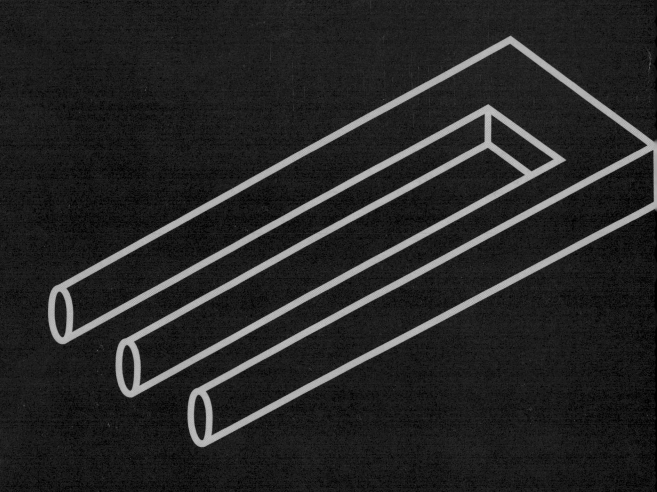

¿Cuántas barras hay, dos o tres?

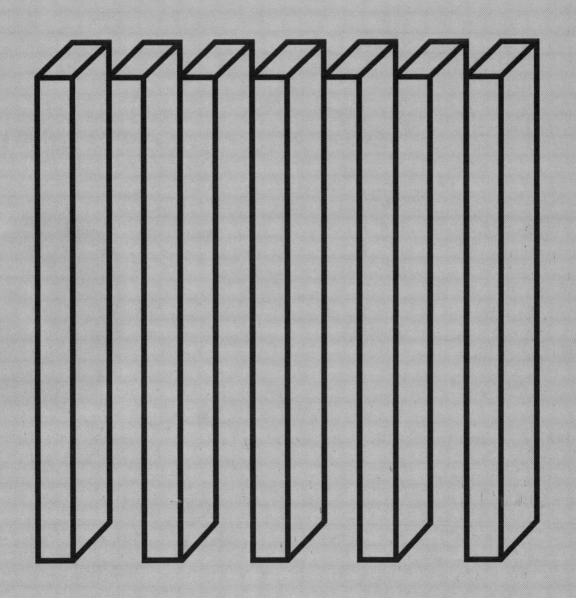

¿Y aquí?

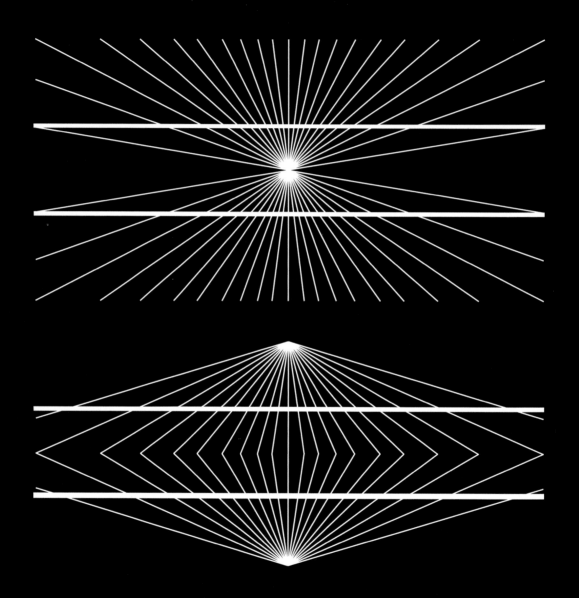

¿Las líneas horizontales son rectas?

Tan rectas como estas líneas rojas. Increíble, ¿no?

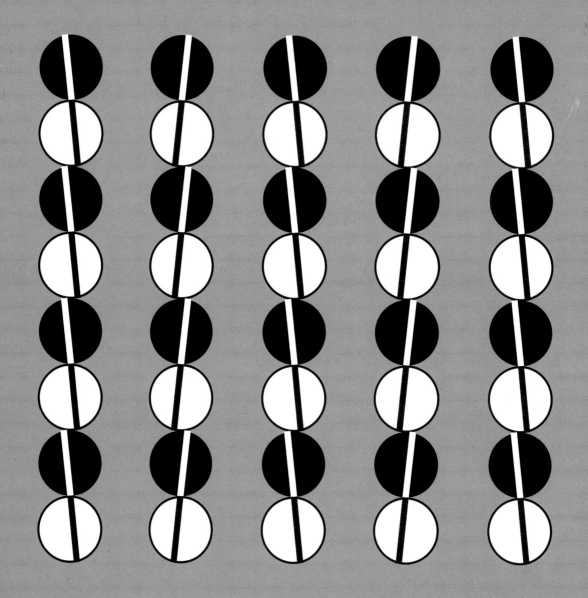

¿Las hileras de círculos están derechas?

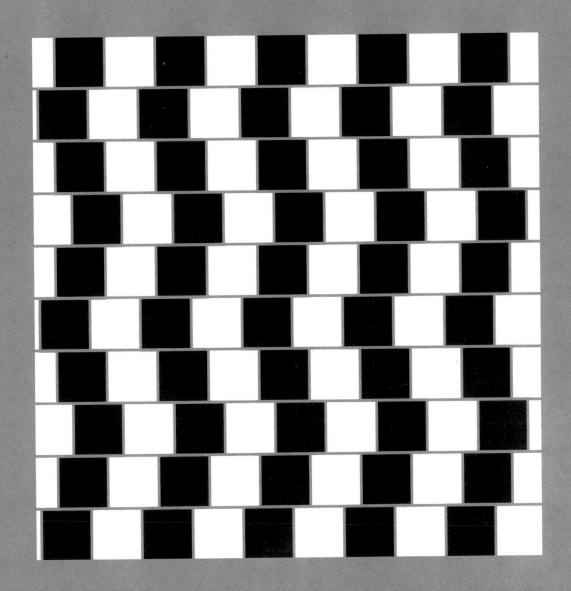

Sí, y también estas líneas horizontales.

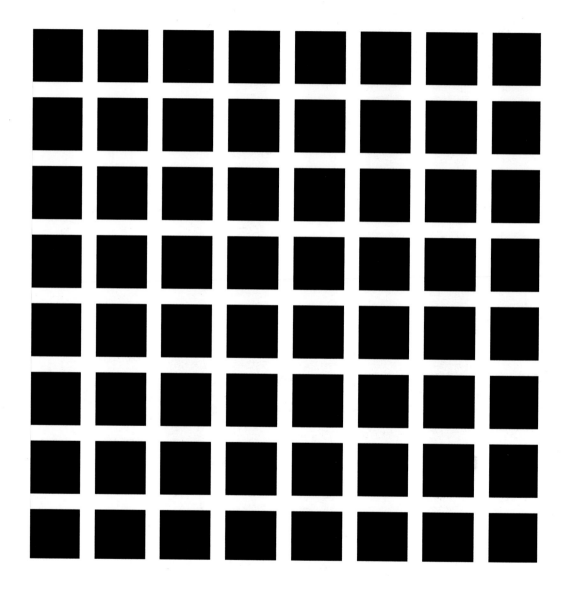

¿Hay manchas grises entre los cuadrados?

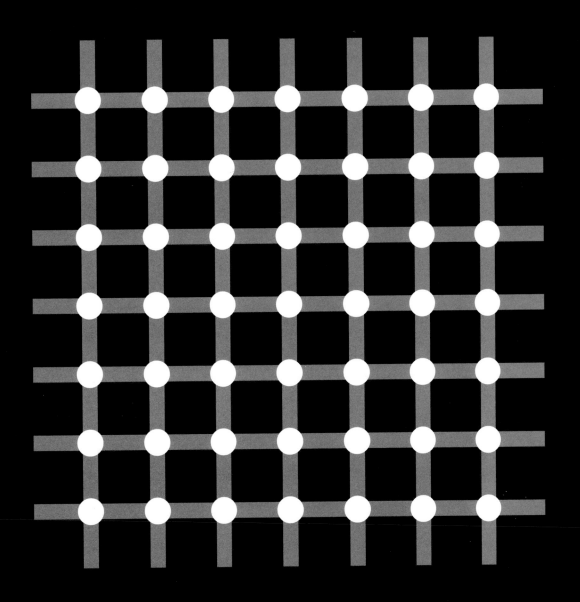

No, tampoco sobre los puntos blancos, ¡qué loco!

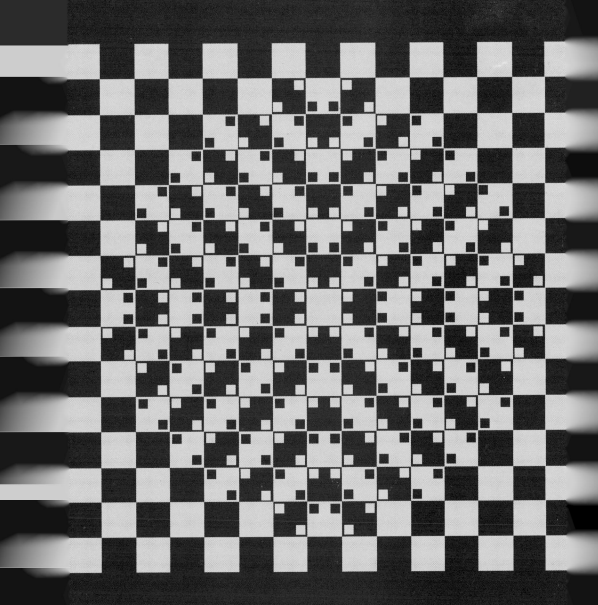

Sí, alineados y derechos. ¡Otra vez nos engañaron!

El libro de las ilusiones (ópticas)
se imprimió por encargo de la Comisión
Nacional de Libros de Texto Gratuitos en
los talleres de Quebecor World, S.A. de C.V.,
con domicilio en Fracc. Agro Industrial La Cruz,
El Marqués, 76240, Querétaro, México,
en el mes de enero de 2009.
El tiraje fue de 3,000 ejemplares.